BEI GRIN MACHT SICH IHR WISSEN BEZAHLT

Kreativität und emotionale Intelligenz des Menschen

Jannina Marek

Bibliografische Information der Deutschen Nationalbibliothek:

Die Deutsche Nationalbibliothek verzeichnet diese Publikation in der Deutschen Nationalbibliografie; detaillierte bibliografische Daten sind im Internet über http://dnb.d-nb.de abrufbar.

ISBN: 9783346801982
Dieses Buch ist auch als E-Book erhältlich.

Druck und Bindung: Books on Demand GmbH, Norderstedt Germany
Gedruckt auf säurefreiem Papier aus verantwortungsvollen Quellen

Das vorliegende Werk wurde sorgfältig erarbeitet. Dennoch übernehmen Autoren und Verlag für die Richtigkeit von Angaben, Hinweisen, Links und Ratschlägen sowie eventuelle Druckfehler keine Haftung.

Das Buch bei GRIN: https://www.grin.com/document/1318360

SRH Fernhochschule
The Mobile University

Einsendeaufgabe

Persönlichkeitspsychologie

SRH Fernhochschule Riedlingen – The Mobile University

Modul: Persönlichkeitspsychologie (BPERPS)

Studiengang: Psychologie (B.Sc.)

Verfasserin: Jannina Marek

Abgabe bis 31.01.2023

Inhaltsverzeichnis

Abkürzungsverzeichnis

Assesement-Center	AC
Beispielsweise	Bspw.
Beziehungsweise	Bzw.
Bezüglich	Bzgl.
Emotionale Intelligenz	EI
Et cetera	Etc.
Havard Business Reviews	HBR
Human Ressource Management	HRM
Intelligenzquotienten	IQ
Kreativitätstest für Vorschul- und Schulkinder	KVS
Test zum Schöpferischem Denken – Zeichnerisch	TSD-Z
Verbaler Kreativitätstest	VKT

Abbildungsverzeichnis

Alternative C

Aufgabe 1

1.   Persönlichkeitseigenschaften in der differentiellen Psychologie

Mit Blick auf die Definition hat der Begriff der *Persönlichkeit (*engl. personality; lat. persona = Maske, Rolle, Person) grundsätzlich die Individualität eines einzelnen Menschen zum Gegenstand und bezeichnet die Gesamtheit aller (regelmäßigen) menschlichen Verhaltens- und Erlebensmuster sowie spezifischen Besonderheiten im körperlichen Erscheinungsbild.[1] Es liegt jedoch, ähnlich wie bei vielen anderen Begrifflichkeiten, auch bei dem Konstrukt der Persönlichkeit keine einheitliche, allgemeingültige Definition vor. Es herrschen in dem Wortgebrauch, wie auch in dem damit verbundenen Verständnis des Wortes 'Persönlichkeit', sowohl unter den Psychologen als auch unter den Laien tiefgreifende Diskrepanzen vor.

Als zentrale Grundlagenwissenschaft befasst sich die Differentielle Psychologie[2] mit der Beschreibung, Erklärung und Vorhersage von *inter-*individuellen (zwischen den Personen) sowie von *intra-*individuellen (innerhalb einer Person) Unterschieden in Bezug auf spezifische Persönlichkeitsmerkmale. Grundsätzlich wird ein Persönlichkeitsmerkmal als eine verhältnismäßige, auch über die Zeit beständige Eigenschaft einer Person definiert, welche das menschliche Denken, Fühlen und Verhalten näher beschreibt. Dabei gibt es besonders positive oder auch besonders negative Charaktereigenschaften. Persönlichkeitseigenschaften, welche auch als charakteristische Stärke bezeichnet werden, sind beispielsweise Offenheit, Gewissenhaftigkeit oder Großzügigkeit. Hingegen gelten Merkmale wie Egoismus, Gier oder Narzissmus als charakteristische Schwächen.

Konkrete Aussagen über die Persönlichkeit eines Menschen lassen sich jedoch nur durch den Vergleich mit anderen Individuen und deren Eigenschaften treffen.[3]

Im Zuge der Forschung sind nun mehrere unterschiedliche Ansätze und Theorien existent, um die Paradigmen der Persönlichkeitspsychologie zu erforschen. Der Fokus von Persönlichkeitseigenschaften lässt sich in den Bereich der eigenschaftstheoretischen Forschungsansätze einordnen.[4]

---

[1] Vgl. Asendorpf (2015), S. 2.
[2] Heute wird die Differentielle Psychologie und die Persönlichkeitspsychologie als eine Disziplin angesehen (vgl. Rauthmann, 2017, S. 5).
[3] Vgl. Rauthmann (2017) S. 7.
[4] Vgl. Schmithüsen (2015), S. 2.

1.1 Die State-Trait-Debatte

Eigenschaften charakterisieren die Persönlichkeit eines Menschen und lassen sich in zwei Eigenschaftsgruppen unterteilen: **Eigenschaften** (engl. **traits**) und **Zustände** (engl. **states**). Individuelle Eigenschaftsmerkmale, welche in unterschiedlichen, situativenKontexten zu unterschiedlichen Reizen zeitlich stabil auftreten, werden als *traits* bezeichnet.[5] Dem populären **Big-Five-Modell** von COSTA und MCCRAE wird in diesem Forschungsfeld, trotz vieler, weiterer Theorien, Modellen und Kritikern, eine große Allgemeingültigkeit zugesprochen. Das Modell fasst die Persönlichkeit eines Menschen in fünf Faktoren zusammen, um so ein Persönlichkeitsprofil zu erstellen. Diese sind *Offenheit für Erfahrungen (O), Gewissenhaftigkeit (C), Extraversion (E), Verträglichkeit (A)* und *Neurotizismus (N)*. Jene formen den Titel OCEAN der Persönlichkeitsdimensionen.[6] Das Big-Five-Modell *„is a version of trait theory, a view of the world that sees the essence of human nature in individual differences."*[7]

Die Autoren postulieren die Grundlage der endogenen Disposition, folglich würden die Persönlichkeitseigenschaften aus dem Inneren der Person und nicht aufgrund äußerer Umstände entstehen.[8]

Den stabilen *Trait*-Taxonomien liegen die instabilen, momentanen und situativ variierenden Zustände (engl. *states*) gegenüber. Jene beschreiben eine aktuelle, zeitlich begrenzte Stimmung eines Individuums, welche beispielgebend durch einen spezifischen Reiz und folglich die Aktivierung des autonomen Nervensystems ausgelöst werden können. Somit sind *states* individuelle, flüchtige Zustände des Erlebens oder Verhaltens eines Menschen.

Die Differenzierung in *State-* und *Trait*-Eigenschaften ist, insbesondere im Bereich der Verhaltens- und Entwicklungsforschung, ein wesentlicher Bestandteil, um beobachtbares, menschliches Verhalten zu erklären. Jene Diskussion um die Einstufung in personenspezifische Eigenschaften vs. momentanen Zustand wird in der Literatur und Forschung als die **State-Trait-Debatte** betitelt. Warum eine Unterscheidung elementar ist, zeigen die folgenden Beispiele aus dem Alltag.

---

[5] Vgl. Ramssayer & Weber (2016), S. 200.
[6] Vgl. John et. al. (2008), S. 139.
[7] Vgl. McCrae & John (1992), S. 199.
[8] Vgl. McCrae & John (1992), S. 175.

Die einflussreiche Theorie zum *State-Trait-Modell* der *Angst* von SPIELBERGER (1970) differenziert zwischen der Zustands-Angst (A-*State*) und der Eigenschafts-Angst (A-*Trait*). Wenn sich eine Person beispielsweise durch ein lautes Geräusch (Hundebellen) erschreckt oder sich in dem Moment derart fürchtet, wird diese Angst durch etwas Unerwartetes ausgelöst. In diesem Fall handelt es sich um A-*State*, welche als vorübergehender, emotionaler Zustand definiert werden kann, der in bestimmten Situationen mit subjektiven, bewusst wahrgenommen Gefühlen der inneren Spannung (wie Unruhe, Nervosität, erhöhte Aktivität des autonomen Nervensystems) einhergehen kann und variabel ist.

Leidet jene Person jedoch an einer Hundephobie und generellen Angst vor Hunden, so ist dies eine A-Trait und als stabile Komponente situations- und kontextlosgelöst. Personen mit hoher Trait-Angst neigen dazu, vermehrt Situationen als bedrohlich und selbstgefährdend wahrzunehmen, als Personen mit verminderter Ausprägung der Trait-Angst.[9]

In einer Erweiterung des State-Trait-Angstmodells postuliert ENDLER (1974) in dem *interaction model of axienty* eine Multidimensionalität der Trait-Angst, d.h. Menschen differenzieren sich darin, welche Art der Situation sie als bedrohlich empfinden. Folglich bewertet ein Mensch mit einer spezifischen Angstneigung kongruente Situationen als bedrohlich (z.B. Angst vor persönlicher Bewertung mit der Teilnahme an einem Bewerbungsgespräch).[10] Neben der *Angst der persönlichen Bewertung* identifiziert ENDLER drei weitere Dimensionen der Trait-Angst: *physische Bedrohung, Bedrohung durch nicht eindeutige Situationen und Bedrohung in Alltagssituationen.*[11]

Wird der Zustand der Zufriedenheit und des glücklich sein betrachtet, so steigern extrovertierte Menschen nachweislich ihr Glücksniveau durch soziale Kontakte. Folglich liegt hier ein trait als stabiles Merkmal zu Grunde. Zieht sich jedoch jener Mensch mit einem eigentlich eher hohen Wert an Extraversion aufgrund von situativen Umständen zurück (z.B. einen plötzlichen Verlust oder beruflichen Misserfolg) kann von einem momentanen Zustand, state, gesprochen werden.[12]

Die Beispiele zeigen, dass sich traits und states sowohl in der zeitlichen Dimension als auch in ihrer Konstanz unterscheiden. Folglich wird deutlich, dass ein Abweichen

---

[9] Vgl. Laux et. al. (1981) zusammengefasst in: Krohne (2010), S. 215.
[10] Vgl. Endler et. al. (1976), S. 82-83.
[11] Vgl. Endler et. al. (1976).
[12] Vgl. Eckermann (2016), S. 248.

von der individuellen trait-Struktur situativ zugunsten eines states möglich ist, wenn andere Umstände dies erfordern. Resümierend ist eine Differenzierung von traits und states unerlässlich, da situative Zustände und kurztemporäre Verhaltensmuster eines Individuums keine eindeutigen, verifizierbaren Rückschlüsse auf das Persönlichkeitsbild zulassen.

1.2 Die Rolle von State-Trait in Verfahren von Assessment-Centern

Ein Assessment-Center (AC) stellt im Rahmen der Personalfunktion, dem Human Ressource Management (HRM), nun eine mögliche diagnostische Methode zur Personeneinschätzung dar und wird insbesondere bei der Personalauswahl bzw. -entwicklung genutzt. Im sozial-psychologischen Bereich bedeutet in diesem Zusammenhang der engl. Begriff *assessment* Personalbeurteilung bzw. Beurteilung. Mittels umfangreicher, diverser Testverfahren, Simulationen spezifischer Arbeitssituationen und diverser Übungen und Aktivitäten (z.b. Rollenspiele, Gruppendiskussionen o.ä.) werden Aussagen und Einschätzungen hinsichtlich Persönlichkeitseigenschaften und Entwicklungsprognosen im beruflichen Kontext getroffen. Primär wird das Messinstrument AC zur Bestimmung von Führungs(nachwuchs)kräften eingesetzt.[13] Ein definierter Teilnehmerkreis unterzieht sich für etwa ein bis vier Tagen den Beobachtungen und dem Evaluierungsprozess durch geschultes Fachpersonal.[14] Ein Gruppen-Assessment oder AC wird von einem Einzel-Assessment abgegrenzt. Ersteres wird folglich mit mehreren Bewerbern*, auch Assessees genannt, sowie den Beobachtenden (Psychologen, Führungskräfte, Personalfachleute), welche als Assessoren bezeichnet werden, durchgeführt.[15]

Ziel eines ACs ist die Beurteilung der folgenden Komponenten:

- *Sozialkompetenz* (z.B. Sensibilität, Teamfähigkeit, Kritik- und Konfliktfähigkeit)
- *Selbstkompetenz* (z.B. Selbständigkeit, Belastbarkeit, Durchsetzungsvermögen)
- *Führungskompetenz* (z.B. Managementkompetenz, Mitarbeiterförderung, unternehmerisches Denken)
- *Methodenkompetenz* (z.B. Beherrschen und adäquates Einsetzen von Lern- und Arbeits- oder Gesprächstechniken)[16]

---

[13] Vgl. Obermann (2013), S. 1.
[14] Vgl. Eck et. al (2016), S. 5-6.
[15] Vgl. Vogt (2015), S. 2.
[16] Vogt (2015), S. 3.

Das AC vor dem eigentlichen AC stellt eine wesentliche, administrative, logistische Herausforderung dar. Häufig kooperieren auftragsgebende Organisationen mit externen Anbietern in Bezug auf die Organisation und Durchführung eines ACs.[17] Da ein selektierter Bewerberkreis zu dem eigentlichen Verfahren eingeladen wird, istes Aufgabe von den Assessoren mittels diverser Bewerbungsmechanismen Personalpotentiale festzustellen und vorzunominieren. Diese können anhand der jeweiligen Organisation variieren. Ist jene Hürde absolviert, erfolgt das nun fokussierte Geschehen im AC.

Da es sich um die Potential- und Eignungsfeststellung handelt, steht der Bewerber mit seiner individuellen Persönlichkeit im Fokus der Betrachtung. Diese Persönlichkeit gilt es nun ,,kennen zu lernen", adäquat einschätzen zu können und zunächst von dem beobachteten, menschlichen Verhalten Rückschlüsse auf State-Eigenschaften und anschließend bei rezipierenden Beobachtungen auf Trait-Eigenschaften zu ziehen. Jene Differenzierung ist essenziell, um eine möglichst genaue Einschätzung der Bewährungswahrscheinlichkeit eines Bewerbers in der angestrebten beruflichen Position zu treffen, um u.a. finanzielle Kosten oder weitere Probleme ausgehend von einer Fehlbesetzung zu vermeiden.

Das AC gilt als ein treffsicheres, optimiertes Messinstrument von Personalentscheidungen.[18] Folgende Prinzipien liegen dem AC zu Grunde:

Prinzip der Methodenvielfalt

Grundsätzlich wird unterschieden zwischen zwei Arten von Aufgaben: Testverfahren (hier Leistungs-, Persönlichkeitstests) und Verhaltensbeobachtungsverfahren (z.B. Rollenspiele oder Fallstudien). Durch die Kombination diverser Methoden und Verfahren erfolgt eine gewisse Validität des Messinstrumentes AC.[19]

Jede Methode weist als Einzelkomponente Vor- und Nachteile sowie gewisse Messfehler auf. Die Nutzung der Methodenvielfalt jedoch bietet in der Gesamtheit ein höheres Maß an Reliabilität. Des Weiteren können die Vielfalt und Gesamtheit der verwendeten Aufgaben eine tatsächliche Beobachtung von Kriterien eines Anforderungskataloges gewährleisten.[20] Ähnlich verhält es sich mit persönlichen Eigenschaften: Beim Durchlaufen unterschiedlicher Testverfahren, Simulationen und Situationen, werden Reaktionen und individuelles Verhalten auf spezifische Reize

---

[17] Vgl. Eck et. al (2016), S. 68-69.
*Aus Gründen der Einfachheit wird im Folgenden ausschließlich die männliche Form verwendet, es sind aber stets beide Geschlechter gemeint, wenn es sich nicht um spezifische Einzelpersonen handelt.
[18] Vgl. Vogt (2015), S. 4.
[19] Vgl. Vogt (2015), S. 5.
[20] Vgl. Obermann (2013), S. 3.

evaluiert. Folglich können zum einen rezipierende, konstante Eigenschaften (hier *traits*) in jenen, diversen Kontexten auftreten. Wird bspw. einem Bewerber ein hohes Maß an Extrovertiertheit und Offenheit zugesprochen, so ist oftmals ein stabiles Verhalten der Person in Einzelgesprächen wie in Gruppendiskussionen zu beobachten. Von der reinen Beobachtung des Verhaltes können Rückschlüsse auf die nicht zu beobachtbaren Kompetenzen gezogen werden.

Zum anderen können jedoch auch instabile, momentane Zustände (*states*) des Kandidaten auftreten. Diese können bspw. durch bestimmte Reize ausgelöst werden (z.B. plötzliches Black-out).

Hierbei ist ebenso die Dauer der Durchführung über mehrere Tage von essenzieller Bedeutung. Im Gegensatz zu einzelnen Bewerbungsgesprächen ist es äußerstprekär konsistent über mehrere Tage einen fremden, vermutlich erwünschten Verhaltensstil zu präsentieren.[21] Folglich können mit diesem Messinstrument relativ stabile Prognosen und Beobachtungen hinsichtlich eines Bewerberpotentials gemessen werden.

Prinzip der Mehrfachbeobachtung

Die Zuschreibung von Kompetenzen lässt sich als ein komplexer und unsicherer Prozess sowie als eine methodisch anspruchsvolle Aufgabe beschreiben. Individuelles, menschliches Verhalten basiert sowohl auf der Kompetenz als auch auf den Anforderungen der jeweiligen Situation. Folglich müsse jede Simulation eine Kompetenzdarstellung ermöglichen. Gleichwohl müsse eine Unterscheidung zwischen den Situationseinflüssen und der Kompetenz möglich sein.

Durch das Prinzip der Mehrfachbeobachtung wird diese Unsicherheit eingeschränkt.[22] Mehrere Assessoren (Führungskräfte, Psychologen, Personalexperten) können Prognosen mit einem höheren Maß an Zuverlässigkeit als auch Genauigkeit basierend auf unabhängigen Beobachtungen zu festgelegten Kriterien treffen.[23] Auch durch dieses Prinzip der Mehrfachbeobachtung lassen sich genauere Einschätzungen hinsichtlich der Differenzierung in traits und states treffen.

Prinzip der Transparenz

Durch das Prinzip der Transparenz werden die Anforderungskriterien an die Bewerber sowie die Übungen offengelegt. Gleichsam erhalten die Kandidaten nach dem Assessment ein Feedback hinsichtlich persönlicher Stärken und Schwächen. Somit sind Vorgehensweisen, Prozesse und Ergebnisse aus dem AC

---

[21] Vgl. Obermann (2013), S. 11.
[22] Vgl. Dezghahi (2021), S. 19.
[23] Vgl. Obermann (2013), S. 3-4.

nachvollziehbar. Gleichsam ermöglicht es einen individuellen Lernprozess und eine kritische Selbstreflektion. Durch die Transparenz der Methoden und Kriterien besteht jedoch die Möglichkeit, dass ein Bewerber durch gute Vorbereitung das von ihm gewünschte Verhalten präsentiert und spezifische, unerwünschte Eigenschaften verdrängt.[24] Somit könnten Einschätzungen und Ergebnisse verfälscht werden. Dennoch erhält diese eignungsdiagnostische Methode auch eben durch diese Transparenz eine hohe Akzeptanz.[25]

Aufgabe 2

2. Das Konzept der Kreativität

2.1 Das Konzept der Kreativität vs. Das Konzept der Intelligenz eine Konzeptabgrenzung

Der Wortursprung der Begrifflichkeit Intelligenz liegt im Lateinischen *(intellegere)* und bedeutet *wahrnehmen, merken, erkennen, empfinden.*[26] Eine allgemeingültige Begriffsdefinition sowie ein einheitliches Modell sind nicht existent. Grundsätzlich kann unter dem Begriff der **Intelligenz** die allgemeine Fähigkeit zum Lernen, Denken, oder Problemlösen verstanden werden, welche sich insbesondere in neuen bzw. unvertrauten Situationen zeigt. Daraus ableitend kennzeichnet sich **intelligentes Verhalten** durch Problemlösefähigkeiten, verbalen Fertigkeiten und sozialen Kompetenzen. Hierbei inkludiert Erstgenanntes, dass jene Person vernünftig urteilen, Informationen korrekt interpretieren und folglich adäquate Entscheidungen treffen kann. Des Weiteren besitzt jener mit einer gut ausgeprägten Eloquenz ebenso überdurchschnittliche verbale Fähigkeiten. Sozial kompetente Personen werden häufig als offen, tolerant, ehrlich und reflektierend gegenüber sich selbst und der Umwelt charakterisiert.[27]

Eine wissenschaftliche Herausforderung stellt jedoch mehr das Finden einer sinnvollen Maßeinheit für das Konstrukt dar. Dies beschäftigt viele Wissenschaftler schon seit Jahrhunderten. Neben zahlreichen, diversen Theorien und Forschungen hat sich der sog. Intelligenzquotient (IQ) als Messgröße für Intelligenz etabliert.

---

[24] Vgl. Hell (2011), S. 5.
[25] Vgl. Obermann (2013), S. 4.
[26] Vgl. Pons Wörterbuch (2001-2022).
[27] Vgl. Ostad-Ahmad-Ghorabi (2021), S. 42.

William **STERN** war der Begründer des Faktors, jedoch wurden seine Überlegungen stetig weiterentwickelt, mit dem Ziel weitere intellektuelle Faktoren zu messen.[28]

Durch zahlreiche Forschungen erlangte das Konstrukt der Intelligenz mehr und mehr Komplexität und Mehrdimensionalität. Einige Modelle und Theorien sind bspw.:

- die *Zwei-Faktoren-Theorie der Intelligenz* mit den Komponenten der **allgemeinen** und der **spezifischen** Intelligenz nach Charles **SPEARMAN**[29]

- structure of Intellect modell, das Würfelmodell als Kombination zahlreicher Theorien nach Joy Paul GUILFORD (1959)[30]

- die Theorie der *fluiden* und der *kritallinen* Intelligenz als Erweiterung der Zwei-Faktoren-Theorie nach Raymond B. **CATTELL** (1963)[31]

All diese diversen Theorien und Denkmodelle zeigen die Mehrdimensionalität und Vielseitigkeit des Konstruktes. Eine allgemeingültige Definition gibt es auch hier nicht, jedoch erlauben die Kombinationen der bestehenden Begriffsbestimmungen und Modelle das Konzept der Intelligenz näher und besser zu verstehen.

Eine ähnliche Komplexität zeigt sich bei der Recherche des Konstruktes der **Kreativität:** Auch jene zeichnet sich insbesondere durch seine vielfaltige Verwendung aus. Kreativität kann beispielsweise als spezielle Eigenschaft weniger Menschen angesehen werden oder als grundsätzliches Merkmal aller Menschen, jedoch in differenten Ausprägungen. Dem gegenüber definiert eine weitere Variante Kreativität weniger als eine Eigenschaft, sondern eher als ein Bündel von Merkmalen, dessen Zusammenkommen außergewöhnliche Leistungen hervorbringt.[32]

Oftmals werden dem Begriff nicht nur zahlreiche Bedeutungen, sondern auch eine „geheimnisvolle Attraktivität" zugeschrieben. Dies hat jener mit dem Konstrukt der Intelligenz gemeinsam. Bei beiden ist keine eindeutige Begriffsdefinition vorhanden, auch hier sind unterschiedliche Sichtweisen und Theorien sowie Herangehensweisen hinsichtlich der Messung oder Förderung existent. Jedoch steht bei beiden Konzepten stets der Mensch im Mittelpunkt der Betrachtung.[33]

Trotzdem scheint zwischen den Wissenschaftlern bezüglich einiger Eigenschaften, welche Kreativität ausmachen, ein gemeinsamer Konsens existent zu sein.

---

[28] Vgl. Ostad-Ahmad-Ghorabi (2021), S. 44.
[29] Für eine detaillierte Beschreibung s. Ostad-Ahmad-Ghorabi (2021), S. 45.
[30] Für eine detaillierte Beschreibung s. Scherer (2018), S. 45-47.
[31] Für eine detaillierte Beschreibung s. Catell (1963), In: Krähenbühl (2016), S. 49.
[32] Vgl. Schuler & Goerlich (2007), S. 1.
[33] Vgl. Schuler & Goerlich (2007), S. 1-2.

Demnach geht Kreativität mit der Entwicklung origineller und zweckdienlicher Ideen einher. Hierbei werden dem Terminus der Originalität neuartige, wertige oder nützliche Ideen zugeschrieben. Zweckdienliche Ideen bezeichnen imweitergehenden Sinne machbare, angemessene oder qualitative Ideen.[34] Von einer kreativen Idee kann gesprochen werden, wenn zweckdienlich und originell zu gleichen Teilen erfüllt sind. Oftmals ist eine kreative Idee mit emotionalen Zuständen(motivierend, erregend) verbunden. Einige Autoren sprechen von einem zusätzlichem „WOW-Effekt" bei der Bewertung einer kreativen Idee.[35]

Ferner spielt der Bezugsbereich bei der Betrachtung des Konzeptes eine elementare Rolle. In der Literatur lassen sich als wissenschaftlicher Konsens vier Bereiche bzw. Facetten identifizieren:

- Kreativität als Anforderung und Ziel in spezifischen (Berufs-) Bereichen[36]
- Kreativität als Produkt einer kreativen Idee[37]
- Kreativität als Prozess[38]
- Kreativität als Eigenschaft (kreative Individuen)

Zur Klärung der Frage, in welcher Beziehung diese Konzepte nun zueinanderstehen, wird im folgenden Verlauf näher auf den letztgenannten Bereich, Kreativität als persönliche Eigenschaft, eingegangen.

Im Zuge der eigenschaftsbezogenen Kreativitätsforschung ist eine hohe Mannigfaltigkeit an empirischen Befunden, Theorien und Idee existent, welche das Konzept der Kreativität oftmals mit einem schöpferischen Genius verflechten. Studien scheinen zu belegen, dass die menschliche, allgemeine Intelligenz treibende Kraft für (kreative) Leistungen ist. Folglich resultierte aus jenen Theorien die Suche nach kognitiven und nicht-kognitiven Eigenschaften, um eine kreative Persönlichkeit zu bestimmen.

Mittels diverser psychologisch-diagnostischer Verfahren kann individuelle Kreativität gemessen werden. Hierbei erfassen jene Testergebnisse stets das divergente Denken (offen, experimentierfreudig) der Menschen, wohingegen bei klassischen Intelligenztests das konvergente Denken (logisches Denken) im Fokus der Messung liegt. Auch bei diesem Konstrukt hat Joy Paul **GUILFORD** grundlegende

---

[34] Vgl. Ostad-Ahmad-Ghorabi (2021), S. 21.
[35] Vgl. Ostad-Ahmad-Ghorabi (2021), S. 22.
[36] Für Detailinformationen vgl. Schuler & Goerlich (2007), S. 4-5.
[37] Für Detailinformationen vgl. Schuler & Goerlich (2007), S. 6-7; Vgl. Ostad-Ahmad-Ghorabi (2021), S. 27-28.
[38] Für Detailinformationen vgl. die fünf Schritte eines kreativen Prozesses nach G. WALLACE In: Ostad-Ahmad-Ghorabi (2021), S. 36-37.

Erkenntnisse für die Kreativitätsforschung gelegt. Er postulierte, dass das menschliche kreative Verhalten durch grundlegende psychische Merkmale bestimmt sei.[39] Dazu entwickelte er einen Kreativitätstest, der auch als *„Alternative Uses Taks"* bekannt ist. Dieser hat das Ziel, in einer Gruppe die Kreativität des Einzelnen nach folgenden Kriterien zu bewerten und zu kategorisieren: Denkfluss, Originalität, Flexibilität, Elaboriertheit.[40]

Weitere Verfahren, welche aus jenen Ansätzen entwickelt wurden, besitzen einen differenten Schwerpunkt. Einige werden im Folgenden kurz dargestellt, aber aufgrund der Inhaltstiefe nicht näher erläutert:

- *„verbaler Kreativitätstest"* (VKT) zur quantitativen Ermittlung des individuellen Wortschatzes sowie die Fähigkeit zu adäquater Artikulation und Assoziation[41]
- *„Test zum Schöpferischem Denken – Zeichnerisch"* (TSD-Z) zur Messung quantitativer Kreativitätskomponenten, individuellem Ideenreichtum, Flexibilität und Originalität[42]
- *„Kreativitätstest für Vorschul- und Schulkinder"* (KVS) zur Messung von Faktoren wie Ideenflüssigkeit, Produktivität und Ideenflexibilität[43]

Die Reliabilität der existierenden psychologisch-diagnostischen Verfahren zur Messung von Kreativität ist im Vergleich zu den Werten bei den Intelligenztests jedoch deutlich geringer. Dies liegt darin begründet, dass die individuelle Kreativität als äußerst sensibel charakterisiert werden könne und folglich stärker von situativen, psychologischen sowie motivationalen Einflüssen beeinflussbar und abhängig sei.[44]

Die Darstellung beider Konzepte zeigt sowohl Gemeinsamkeiten, Abhängigkeiten als auch Unterschiede auf. Folglich lassen sich drei mögliche Beziehungen daraus ableiten: Kreativität als Teil der Intelligenz, Intelligenz als Teil der Kreativität oder beide Konstrukte als sich überlappende Elemente. Für jeden dieser Thesen gibt es Argumente und Vertreter der Wissenschaft, welche sich mit der (Un-)Abhängigkeit und Korrelationen empirisch auseinandergesetzt haben.[45] Art und Stärke des Zusammenhanges beider ist weiterhin umstritten und variiert mit diversen Perspektiven auf die jeweilige Definition.

---

[39] Vgl. Ostad-Ahmad-Ghorabi (2021), S. 24.
[40] Für mehr Details s. und vgl. Ostad-Ahmad-Ghorabi (2021), S. 25.
[41] Vgl. Urban (2011), S. 21.
[42] Vgl. Bergold (2011), S. 152.
[43] Vgl. Urban (2011), S. 22.
[44] Vgl. Urban (2011), S. 23.
[45] Vgl. Ostad-Ahmad-Ghorabi (2021), S. 50-53.

2.2 Situative Einflüsse auf die Kreativität

Das Konstrukt der Kreativität ist sehr dynamisch und kann durch zahlreiche interne wie externe Faktoren in positiver als auch negativer Weise beeinflusst werden. Als besonders kreativitätsfördernde Einflüsse gelten beispielsweise die Anregung und Aktivierung der Neugierde, des Denkens und Handelns, intentionale, intrinsische Motivierung oder auch eine insgesamt vertrauliche Kommunikationsatmosphäre. Ebenso ist hier das Fördern der Unabhängigkeit im Denken und Handeln elementare Komponente, welche zielgerichtet die Kreativität anregen kann.[46]

Essentiell sei in Bezug auf den Kommunikationspartner eine gleiche **Ebene** hinsichtlich Einstellungen, Ideen, Denkweisen positiv für die Kreativität des Einzelnen. Jemand der sich bei Äußerung einer neuen Idee oder Vorschlägen zur Optimierung spezifischer Strukturen oder Ähnliches, unverstanden, zurückgewiesen oder gar negativ verurteilt fühlt, kann in seiner individuellen Kreativität für die Zukunft gehemmt werden. Ferner sei im beruflichen Bereich ein eigener Verantwortungsbereich und Freiräume für die Entwicklung neuer kreativer Ideen, Strategien und hinsichtlich der Fähigkeit zur Problemlösung äußerst wirksam.

Ebenso weist Mihaly Csikszentmihalyi auf die Komponenten der **Umgebung** hin, welche einen entscheidenden Einfluss auf die Kreativität und die Ergebnisse haben. Weiter erklärt er, dass drei Faktoren für einen positiven Einfluss von hoher Relevanz sind: die Person, die Domäne und das Umfeld. Sofern diese adäquat seien, so empfindet die Person eine Neigung, eine kreative Leistung zu erbringen. Die richtige Domäne erlaubt die richtigen Fragen im kreativen Prozess, sodass sich jene kreative Idee im passenden Umfeld entfalten und finalisiert werden kann.[47]
Das kreative (Nach-) Denken in einer Gruppe kann ebenso gefördert werden, wenn sich jede Person mit unterschiedlichen Ideen vertraut macht, um so die Inkubation, das Entwickeln diverser, potentieller Ideen oder Lösungswege voranzutreiben.[48]

Als besonders kreativitätshemmend kann sich das Ausbleiben der soeben genannten Faktoren auswirken. Weiterhin können sich individuelle Lernerfahrungen oder Gewohnheiten, traditionell oder kulturell begründete Argumente, motivationale, emotionale oder persönliche Hindernisse, negativ auf die Kreativität auswirken.[49]

---

[46] Vgl. Schweizer (2006), S. 63.
[47] Vgl. Ostad-Ahmad-Ghorabi (2021), S. 29.
[48] Vgl. Ostad-Ahmad-Ghorabi (2021), S. 39.
[49] Vgl. Steiner (2011), S. 41-44.

Aufgabe 3

3. Die emotionale Intelligenz eines Menschen

3.1 Emotionale Intelligenz vs. Klassische Intelligenz – eine Begriffsabgrenzung

Bei der Begriffsanalyse des Terminus Emotion ergibt sich die Ableitung aus dem lateinischem Wortstamm *movere* (bewegen, leiten).[50] Als chemische Verbindungen in Form von Neurotransmittern, welche von unserem Gehirn produziert werden, beeinflussen Emotionen das menschliche Verhalten. Somit kann eine Emotion als psychophysische Bewegtheit beschrieben werden, welche durch eine bewusste oder unbewusste Wahrnehmung eines Ereignisses oder einer Situation erzeugt wird.[51] Jene Handlungsimpulse sind als Gefühlsregungen von dem Gefühl per se zu differenzieren. Langfristig können positive Antriebskräfte, wie bspw. (Vor-)Freude, eine Förderung der intrinsischen Motivation hervorrufen. Gleichwohl sind negative Emotionen (z.B. Angst) in der Lage, kurzfristige Kräfte frei zu setzen und können sich über einen längeren Zeitraum negativ auf das emotionale Verhalten eines Menschen auswirken. Die Intensität von Emotionen wird durch persönliche Erfahrungen und Einstellungen (Weltanschauungen, Glaubenssätze) oder situative Komponenten (z.B. Stress) bestimmt.[52]

Der Begriff der Intelligenz wurde bereits in Kap. 2.1 ausführlich dargestellt. Dem klassischen Intelligenzbegriff liegt, im Vergleich zur emotionaler Intelligenz (EI), eine umfangreichere Forschungsgeschichte zu Grunde. Die Konstrukte müssen klar voneinander abgegrenzt werden. Eben hier liegt die Diskussionsgrundlage, da seit der Einführung des neuen Fähigkeitskonzeptes der EI umstrittene Parallelen zum Intelligenzbegriff gezogen werden, die so nicht vorhanden seien. Beide Intelligenzformen können zwar genetisch bedingt sein, wohingegen die EI auch erlernbar und anpassungsfähig sei.[53]

Als EI wird die Fähigkeit des Menschen bezeichnet, seine Gefühle und jene anderer sowie menschliche Beziehungen adäquat einschätzen zu können, um entsprechend zu handeln und zu reagieren.[54] Dabei liegen vier Grunddimensionen vor:

---

[50] Vgl. Pons Wörterbuch (2001-2022).
[51] Vgl. Pert (2001), S. 26.
[52] Vgl. Müllner & Müllner (2021), S. 15-16.
[53] Vgl. Weber et. al (2005), S. 353.
[54] Vgl. Müllner & Müllner (2021), S. 17.

(1) Die Notwendigkeit subjektiver Aufmerksamkeit, welche beim Zuschaustellen des emotionalen Ausdrucksverhaltens aufgebracht werden muss;

(2) Die Häufigkeit des (erwünschten) emotionalen Ausdrucksverhaltens;

(3) Die Vielfalt unterschiedlicher Emotionen, die im Rahmen einer Arbeitsrolle erwartet werden;

(4) Der Grad empfundener Dissonanz.

In der Forschung wird mittels psychologischer Testverfahren versucht, theoretische Befunde zur Ermittlung des Grades sowie einer möglichen Kennziffer der EI (EQ), parallel zum menschlichen Intelligenzquotienten (IQ), zu liefern.[55] Hierzu hat sich im deutschsprachigen Raum das *Emotional Intelligence Inventar* (IE4) von **SATOW**[56] durchgesetzt, welches mittels Testaufgaben in den unterschiedlichen Bereichen Wahrnehmung, Wissen und Kontrolle von Emotionen die persönliche EI misst.

Weiterhin zeigt eine Studie von **CARNEY**, dass ein hoher Wert der EI mit sozialer Kompetenz und Empathie einhergehen würde. Dadurch seien Menschen mit einer hohen EI eher in der Lage, größere berufliche Erfolge zu erzielen. Dies würde laut Carney auf der ausgeprägten Fähigkeit der adäquaten Interpretation physischer Erregungen, welche ein elementarer Bestandteil von Emotionen sind, basieren. Ebenso sei eine weitere Schlussfolgerung der Studie, dass Personen mit einer niedrigen EI jene körperlichen Signale nicht zur Interpretation und Steuerung ihres weiterführenden Verhaltens nutzen und oftmals ihr eigenes und das ihrer Mitmenschen inkorrekt deuten und folglich unpassende Entscheidungen treffen würden.[57]

3.2 Das Modell der emotionalen Intelligenz nach GOLEMAN

,,Was nützt ein hoher IQ,wenn man ein emotionaler Trottel ist?" (Daniel Goleman)

Bereits in den 1920-Jahren wurde der Grundgedanke zur EI von dem berühmten Psychologen und Intelligenzforscher Edward **THORNDIKE** gelegt. Er bezeichnet "**social intelligence**" als "*ability to understand and manage men and women, boys and girls - to act wisely in human relations.*"[58] Hier werden bereits wichtige Kernbereiche des heutigen Verständnisses der EI transparent: etwas wahrnehmen/

---

[55] Vgl. Gabler-Wirtschaftslexikon (2018).

[56] Die psychometrischen Testverfahren von Dr. Satow zählen wie der Big-Five- Persönlichkeitstest (B5T) zu den am häufigsten eingesetzten Tests im deutschsprachigen Raum. Für weitere Details s. Dr. Lars Satow (2006-2022).

[57] Vgl. Carney et. al. (2019), S. 2-3.

[58] Vgl. Thorndike (1920), S. 228, In: Gölzner/ Meyer (2018), S. 24.

verstehen *(to unterstand)* und mit etwas umgehen *(to manage).*[59] Dies löste ein enormes Forschungsinteresse aus, woraus unterschiedliche Ansichten, Theorien und Modelle resultierten. **MAYER** und **SALOVEY** prägten den Begriff EI in den 1990er Jahren erstmalig ud beschrieben *"emotional intelligence"* *"as a type of social intelligence that involves the ability to monitor one's own and others' emotions, to discriminate among them and to use the information to guide one's thinking and actions."*[60]

Der breiten Öffentlichkeit bekannt wurde der Begriff der EI insbesondere durch das gleichnamige Buch des amerikanischen Psychologen und Journalisten Daniel **GOLEMAN** (1995). Grundsätzlich kann die EI als die Intelligenz der Gefühle bezeichnet werden. Goleman definiert jene als *„eine Metafähigkeit, von der es abhängt, wie gut wir unsere sonstigen Fähigkeiten, darunter auch den reinen Intellekt, zu nutzen verstehen."*[61]

Goleman postuliert vier Quadranten der EI und differenziert dabei zwischen der „Ich" und „Andere" - sowie der „Erkennen"- und „Umgehen"-Achse. Die vier Quadranten sind: **Selbstwahrnehmung** (self-awareness), das Wahrnehmen und Verstehen der eigenen Gefühle; **Selbstmanagement** (self-management), die Kontrolle der eigenen Gefühle und Handlungen; **Soziales Bewusstsein** (social-awareness, empathy), das Wahrnehmen und Verstehen von Gefühlen und Beziehungen anderer; **Beziehungsmanagement** (relationship management), das Verstehen und Beeinflussen von zwischenmenschlichen Beziehungen.[62] (s. Abb. 2).

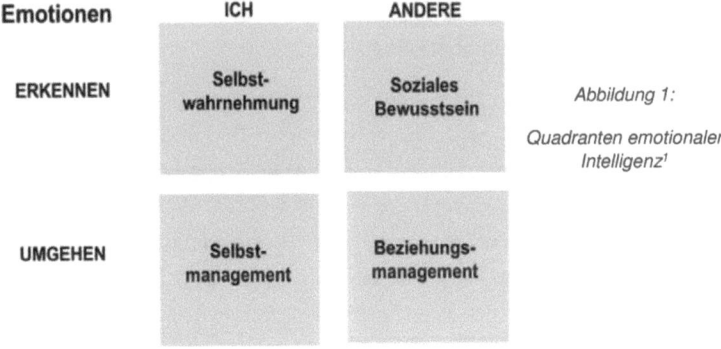

Abbildung 1:

Quadranten emotionaler Intelligenz[1]

---

[59] Vgl. Gölzner/ Meyer (2018), S. 24.
[60] Mayer/Salovey (1990), In: Gölzner/Meyer (2018), S. 24.
[61] Goleman (1996), S. 56.
[62] Vgl. Goleman et. al. (2002), S. 59-78.

Jedem dieser vier Quadranten sind laut Goleman mehrere emotionale Kompetenzen zuzuordnen. Hierbei stellen diese spezifischen Fähigkeiten Persönlichkeitsmerkmale eines Individuums dar, um gute Arbeitsergebnisse erzielen zu können.[63]

Physiologisch betrachtet stand im Goleman'schen Modell der EI der spezifische Bereich der Amygdala (Mandelkern), das Zentrum des Limbischen Systems, im Fokus der Betrachtung. Dieser Bereich des Gehirns ist für die Steuerung von Emotionen (z.B. Angst, Aggression), aber auch für das menschliche Triebverhalten, das Gedächtnis und für die Verdauung verantwortlich. Dabei arbeitet jener Part eng mit zahlreichen weiteren Gehirnteilen zusammen. Die Amygdala stellt eine essenzielle Limbische Struktur dar, speichert und verknüpft Gedächtnisinhalte mit Emotionen (emotionales Lernen) und dem menschlichen Affektverhalten. Zudem ist sie an vegetativen und sexuellen Funktionen beteiligt. Heutzutage wird der Bereich des Limbischen Systems auch als das menschliche, emotionale Gehirn betitelt.[64]

Durch seine Forschungsarbeiten hat Goleman wesentliche Erkenntnisse zur Erforschung von menschlichen Emotionen geliefert. Im Wesentlichen stellte er das Zusammenwirken von menschlichen Reizen und emotionaler Reaktion heraus und liefert eindeutige Ergebnisse zur Funktionalität und Bedeutsamkeit des Mandelkernes als Sinnstifter und elementarer Speicher unserer Emotionen.[65] Resümierend definiert Goleman die EI als eine Mischung von Motivation, Fähigkeiten und Persönlichkeitseigenschaften.

3.3 Emotionale Intelligenz als mögliche Schlüsselkompetenz bei Führungskräften

Begriffe wie Innovation, Digitalisierung, Technologisierung u.v.m. charakterisieren die heutige Gesellschaft und Unternehmenswelt. Der stetige Wandel und damit einhergehende Dynamik stellen zunehmende Erwartungen an den Einzelnen, insbesondere an die Akteure in den Führungsebenen. Die Fähigkeit, Emotionen bei sich und seiner Umwelt wahrzunehmen, zu interpretieren und angemessen zu reagieren ist mittlerweile eine etablierte Führungskompetenz, die als Garant für eine

---

[63] Vgl. Goleman (1998), S. 97.
[64] Vgl. Goleman (2018), S. 28.
[65] Vgl. Goleman (2018), S. 33.

vertrauliche und positive Zusammenarbeit unter den Organisationsmitgliedern und somit für den Erfolg der Organisation per se geltend gemacht werden kann.[66]

Der Vorteil gegenüber der klassischen, akademischen Intelligenz ist, dass EI als erlernbar gilt und weiterentwickelt werden könne. Die vergangene und momentane Auseinandersetzung und das zunehmende Interesse an der Thematik EI zeigen vermehrte Artikel in populären, renommierten Managerzeitschriften wie des *Havard Business Reviews* (HBR). Experten postulierten (2018) eine Untergliederung des Spektrums der EI in zunächst vier Bereiche: Empathie, Glück, Achtsamkeit und Resilienz und erweiterten (2020) um die Komponenten Überzeugungskraft und Authentizität einer Führungskraft.[67] Bei diesem Konstrukt wird durch stetige Bearbeitung und Weiterentwicklung ebenfalls eine gewisse Dynamik deutlich. Die einzelnen Facetten werden im Folgenden näher beleuchtet und anhand jener EI als mögliche Schlüsselkompetenz im Führungskontext diskutiert.

a. Emphatie

Es bedarf einem hohen Maß an Einfühlungsvermögen, um Gedankengänge und das Handeln der Mitarbeiter zu verstehen, nachvollziehen zu können, um so adäquat zur richtigen Zeit in einer angemessenen Umgebung und Situation reagieren zu können. Durch diese Fähigkeit ist es dem Vorgesetzten möglich, einen Kollegen und möglicherweise mehrere Teile der Belegschaft von den Zielen und der Leitkultur der Organisation überzeugen zu können.

Ebenso ist die Selbstwahrnehmung und -steuerung ein essentieller Teil: Ein guter, emphatischer Leiter sollte sich den eigenen Stärken und Schwächen bewusst sein, sich darüber Feedback einholen und sich selber gegenüber stets Empathie zeigen. Dies bewirkt eine Selbstreflektion des eigenen Handelns und Denkens und impliziert weiterhin einen Lerneffekt in Bezug auf die Führungskompetenz.[68]

b. Glück

Hierbei handelt es sich um einen möglichst anhaltenden Zustand innerer Zufriedenheit (Glück = engl. happy, happyness). Dies sollte das oberste Ziel einer guten, emphatischen Führungskraft sein. Zahlreiche Studien aus der Psychologie belegen die Korrelationen von Zufriedenheit, Gesundheit und Arbeitsleistung.[69] Folglich kann die Sicherstellung von Glück in diesem Zusammenhang zu einem langfristigen Erfolg des Unternehmens führen.

---

[66] Vgl. Goleman 1998; Goleman et. al. 2002.
[67] Vgl. Havard Business Review (2018); Havard Business Review (2020).
[68] Vgl. Müllner & Müllner (2021), S. 19.
[69] Vgl. Studien der Bertelsmann-Stiftung In: Mourlane & Hollmann (2013).

c. Achtsamkeit

Die Komponente Achtsamkeit (engl. *mindfulness*) bezeichnet als Vorstufe des Handelns den Zustand des bewussten Beobachtens einer Situation, einer Sache oder eines Gedankens ohne unmittelbare Bewertung. Hinsichtlich des Führungskontextes soll eine bewusste Wahrnehmung im eigenen Denkprozess und somit in das Handeln gebracht werden. Dadurch wird eine wesentliche Voraussetzung für emphatisches Führungsverhalten geschaffen, da die Gefühle und das Folgehandeln für die Leitung und auch für die Mitarbeiter transparent werden. Dies wiederum kann die persönliche Interaktion positiv beeinflussen.[70]

d. Resilienz

Resilienz bezeichnet die Fähigkeit zum erfolgreichen und wirksamen Umgang mit spezifischen Stressoren, wie z.B. Zeitdruck bei der Auftragserfüllung. Besonders resiliente Menschen können eine schnelle Erholungsphase nach längeren, als auch nach kurzzeitigen psychischen und physischen Belastungen und anderweitigen individuellen Stresssituationen vorweisen. Ferner können jene Führungskräfte durch ein gut ausgeprägtes Gefühl für ihre eigenen Ressourcen eher die Stressniveaus des Kollegiums einschätzen und adäquat handeln als weniger resiliente Menschen.[71]

e. Überzeugungskraft

„Changing hearts is an important part of changing minds"[72] - In der heutigen Unternehmenswelt kann ein Manager nicht mehr allein durch natürliche, Autorität und aufgrund eines geltenden Führungsanspruches seine Mitarbeiter sowohl von eigenen Zielen und Gedanken als auch von jenen der Organisation per se überzeugen. Moderne Ansprüche an ist *emotionale* Eroberung und Überzeugung. Dabei müssen sie die Individualität der Menschen erkennen: *Menschen ticken unterschiedlich – Behandeln Sie diese so, wie diese es bewusst oder unbewusst erwarten!*[73] Dieses Prinzip kann laut zahlreicher Studien ein Garant für erfolgreiches Führen sein.

f. Authentizität

Mit authentischen Führungskräften werden zahlreiche (charakteristische) Eigenschaften wie Wahrhaftigkeit, Glaubwürdigkeit, Echtheit, Unverfälschtheit und Verlässlichkeit verbunden. Diese liegen oftmals in einem inneren Gleichgewicht und Festigkeit begründet. Authentizität bildet sich über einen längeren Prozess und basiert auf individuellen Erfahrungen und Einstellungen, welche in einer inneren

---

[70] Vgl. Müllner & Müllner (2021), S. 19.
[71] Vgl. Havard Business Review (2018).
[72] Havard Business Review (2020).
[73] Vgl. Müllner & Müllner (2021), S. 114.

Haltung münden. Wo es früher ein Suchen nach einem Führungsstil war, so ist es heute ein bewusstes Auseinandersetzen mit der eigenen Persönlichkeit, seinen Stärken und Schwächen, Zielen und Ansprüchen. Es wird als gefestigtes Gleichgewicht zwischen ,,klare Kante zeigen" auf der einen und Offenheit für Neues und individuelle Vulnerabilität auf der anderen Seite definiert.[74]

Es kann resümierend festgestellt werden, dass die EI nicht nur gesellschaftlich, sondern auch im Unternehmens- und Führungskontext zunehmend in den Fokus der Betrachtung rückt und sukzessive an Bedeutung gewinnt.

Die Facetten der EI sind vielseitig als auch anspruchsvoll und vereinen eine Mannigfaltigkeit an Fähigkeiten, Fertigkeiten und Kompetenzen gleichermaßen. Gleichwohl befinden sich Führungskräfte oftmals in einem Verantwortungsbereich, welcher top-down agiert: Auf der einen Seite erwartet der unterstellte Bereich einen emphatischen, intelligenten Chef. Hingegen stellt dessen obiger Vorgesetzte oder die Organisation per se Ansprüche und Erwartungen an jenen. Diese Dynamik, vor dem Hintergrund der heutigen, agilen, wirtschaftlichen und gesellschaftlichen Unternehmenswelt zeigt, dass ein hohes Maß an EI unerlässlich ist, um ein Miteinander unter und mit den Mitarbeitern zu erzeugen, welches von Transparenz, Zufriedenheit und letztlich Erfolg charakterisiert ist. Durch vermehrte Team- und Projektarbeiten, national wie international, sind insbesondere soft-skills (soziale, emotionale Kompetenzen) gefragter denn je.[75] Es reicht nicht mehr aus, Dinge richtig zu tun (Effektivität), sondern mit dem richtigen Fingerspitzengefühl und viel Empathie richtige Dinge zu machen (Effizienz).[76]

Hierbei steuern stets Emotionen das menschliche Handeln, welches wiederum Organisationen lenkt. Mit einer hohen EI als Kompetenz bei Managern können Handlungen, Denkmuster, Verhaltensweisen innerhalb eines Unternehmens bewusster, reflektierter wahrgenommen und auch beeinflusst werden. Dabei spielt insbesondere die Komponente des **Vertrauens** eine wichtige Rolle. Mitarbeiterstudien belegen, dass eine hohe Vertrauenskultur in einem Unternehmen deutlich weniger Stress, mehr Energie in und bei der Arbeit, steigende Produktivität, weniger Fehltage und insgesamt mehr Zufriedenheit gegenüber Unternehmen mit einer niedrigen Vertrauenskultur mit sich bringt. Ferner ließ sich eine stabilere Beziehung zwischen den Mitarbeitern zu den Führungskräften registrieren.[77]

---

[74] Vgl. Havard Business Review In: Müllner & Müllner (2021), S. 21-22.
[75] Von Kanitz (2014), S. 73.
[76] Vgl. Müllner & Müllner (2021), S. 37.
[77] Vgl. Zak (2017), S. 4-5.

Literaturverzeichnis

Asendorpf, Jens B. (2015). *Persönlichkeitspsychologie für Bachelor*. Berlin, Heidelberg:Springer-Verlag.
DOI 10.1007/978-3-662-46454-0_1

Bergold, Sebastian (2011). *Identifikation und Förderung von begabten und hochbegabtenSchülern*. (Lebenslang lernen, Bd. 8). Zugl.: Bonn, Univ., Diss., 2011. Berlin: Logos- Verlag.

Carney, Dana R./ Côté Stephane/ Stein, Daniel H./ Yip, Jeremy A. (2019). *Follow Your Gut? Emotional Intelligence Moderates the Association Between Physiologically Measured Somatic Markers and Risk-Taking*. In: American Psychological Association. Emotion, Vol. 1, No. 999 (2019).
https://www.researchgate.net/publication/331510596_Follow_Your_Gut_Emotional_Intell igence_Moderates_the_Association_Between_Physiologically_Measured_Somatic_Mar kers_and_Risk-Taking
Abgerufen am 19.01.2022

Dezhgahi, Uwe (2021). Die Auswahl von Schulleitern in einem Assessment Center. Einetheoretische und empirische Analyse eines Eignungsfeststellungsverfahrens. Wiesbaden: Springer-Verlag.

Eck, Claus D./ Jöri, Hans/ Vogt, Marlène (2016). *Assessment-Center. Entwicklung und Anwendung – mit 57 AC-Aufgaben und Checklisten*. 3. Aufl., Berlin, Heidelberg: Springer-Verlag.

Eckermann, Ines M. (2016). *Selbstwirksamkeit, Tugend und Reflexion. Antike Glückstheorien und die moderne Forschung*. Marburg: Tectum Verlag.

Endler, Norman S./ Magnusson, David/ Ekehammar, Bo/ Okada, Marylyn (1976). *Multidimensionality of state and trait anxiety*. Scandinavian Journal of Psychology, May 2008, 17 (1), pp. 81-96.
DOI:10.1111/j.1467-9450.1976.tb00215.x

Gabler Wirtschaftslexikon (2018). *Emotionale Intelligenz*.
https://wirtschaftslexikon.gabler.de/definition/emotionale-intelligenz-32304/version-255847
Abgerufen am 06.01.2021

Goleman, Daniel (1995). *Emotional Intelligence. Why it can matter more than IQ*. New York: Bantam Books.

Goleman, Daniel (1996). *EQ – Emotionale Intelligenz*. München, Wien: Carl Hanser Verlag.

Goleman, Daniel (1998). *What makes a leader?* In: Harvard Business Review, 11/12, pp 93-102.

Goleman, Daniel/ Boyatzis, R / McKee, A. (2002). *Emotionale Führung*. Berlin: Ullstein-Verlag.

Goleman, Daniel (2018). *Emotionale Intelligenz*. 28. Aufl., München: dtv.

Gölzner, Herbert/ Meyer, Petra (2018). *Emotionale Intelligenz in Organisationen*. Wiesbaden: Springer-Verlag.

Hasselhorn, Marcus/ Heuer, Herbert/ Rösler, Frank (Hrsg.) (2009). *Pädagogische Psychologie. Erfolgreiches Lernen und Lernen.* 2. Aufl., Stuttgart: Kohlhammer.

Harvard Business Review (2020). *Boost your emotional intelligence.* Article Sampler. 22112232111212233333, Boston.

Hell, Silke (2011). *Assessment Center: Souverän agieren – gekonnt überzeugen.* 3. Aufl., München: C.H. Beck Verlag.

Holling, Heinz/ Preckel, Franzis/ Vock, Miriam (2004). *Intelligenzdiagnostik.* Kompendien psychologische Diagnostik. Bd. 6., Göttingen [u.a.]: Hogrefe-Verlag.

John, Oliver P./ Naumann, Laura P./ Soto, Christopher J. (2008). *Paradigm shift to the integrative big five trait taxonomy. History, measurement, and conceptual issues.* In: John, O.P./ Robins, R.W./ Pervin, L.A. (Eds.), Handbook of personality (pp. 114-158). New York: Guilford Press.
https://www.colby.edu/psych/wp-content/uploads/sites/50/2019/06/John_et_al_2008.pdf
Abgerufen am 21.02.2022

Krähenbrühl, Samuel (2016). *Kreativität als Lernstrategie.* Wiesbaden: Springer-Verlag.

Krohne, Heinz W. (2010). *Psychologie der Angst. Ein Lehrbuch.* Stuttgart: Kohlhammer Verlag.

McCrae, Robert R./ John, Oliver P. (1992). *An introduction to the five-factor model and its applications.* Journal of Personality, 60, 175-215.
https://www.scinapse.io/papers/2071559616
Abgerufen am 21.02.2022

Müllner, Markus/ Müllner, Caroline (2021). *Emotional intelligent führen. Authentisch, motivierend, wirksam.* 2. Aufl., Wiesbaden: Springer-Gabler-Verlag.

Mourlane, Denis/ Hollmann, Detlef (2013). *Studie „Führung, Gesundheit & Resilienz".* Frankfurt a. M.: Bertelsmann Stiftung, Gütersloh & mourlane management consultants.

Obermann, Christof (2013). *Assessment Center. Entwicklung, Durchführung, Trends mit originalen AC-Übungen.* Wiesbaden: Springer Fachmedien.

Ostad-Ahmad-Ghorabi, Hesamedin (2021). *Kreativität verstehen – Wie wir neue Ideen kreieren.* Norderstedt: Books on Demand.

Pert, Candace B. (2001): *Moleküle der Gefühle. Körper, Geist und Emotionen.* Reinbek bei Hamburg: Rowohlt Taschenbuch Verlag.

Pons Wörterbuch (2001-2022). *Das Onlinewörterbuch.* Stuttgart.
https://de.pons.com/
Abgerufen am 07.01.2022.

Rammsayer, Thomas/ Weber, Johanna E. (2016). *Differentielle Psychologie - Persönlichkeitstheorien.* Bachelorstudium Psychologie, 2., korr. Aufl., Göttingen: Hogrefe-Verlag.

Rauthmann, J. F. (2017). *Persönlichkeitspsychologie: Paradigmen - Strömungen - Theorien.* Springer-Lehrbuch, Berlin: Springer-Verlag.

Satow, Lars (2006-2022). Psychologische Tests.
https://www.drsatow.de/tests/
Abgerufen am 06.01.2022

Scherer, Andre (2018). *Zur Entwicklung hochbegabter Grundschülerinnen und Grundschülerin einem Förderprojekt des Landes Rheinland-Pfalz „Entdeckertag".* Dissertation. Münster: Literatur-Verlag.

Schmithüsen, Franziska (Hrsg.) (2015). *Lernskript Psychologie. Die Grundlagenfächer kompakt.* Springer-Lehrbuch, Berlin: Springer-Verlag.
https://doi.org/10.1007/978-3-662-44941-7

Schuler, Heinz/ Görlich, Yvonne (2007). *Kreativität. Ursachen, Messung, Förderung und Umsetzung in Innovation.* Göttingen: Hogrefe-Verlag.

Schweizer, K. (Hrsg.) (2006). *Leistung und Leistungsdiagnostik. Mit 41 Abbildungen und 18 Tabellen.* Heidelberg: Springer-Medizin-Verlag.
https://download.e-bookshelf.de/download/0000/0105/85/LG-0000010585-0002370188.pdf
Abgerufen am 18.01.2022

Spaderna, Heike/ Schmukle, Stefan C./ Krohne, Heinz W. (2002). *Bericht über die deutsche Adaption der State-Trait Depression Scales.* Diagnostica, 48 (2), 80-89. Göttingen: Hogrefe-Verlag.
https://www.researchgate.net/profile/Stefan-Schmukle/publication/235724252_Bericht_uber_die_deutsche_Adaption_der_State-Trait_Depression_Scales_STDS/links/58b425ce45851503bea019e5/Bericht-ueber-die-deutsche-Adaption-der-State-Trait-Depression-Scales-STDS.pdf
Abgerufen am 14.02.2022

Steiner, G. (2011). Das Planetenmodell der kollaborativen Kreativität. Wiesbaden: Gabler.

Urban, Klaus, K. (2011). *Möglichkeiten und Grenzen von Kreativitätsdiagnostik.* In: Kreativität: Zufall oder harte Arbeit? Karg Hefte. Beiträge zur Begabtenförderung und Begabungsforschung. Koop, C./ Steenbuck, O. (Hrsg.) (2), S. 18-27. Frankfurt, M.: Karg-Stiftung.
https://www.pedocs.de/volltexte/2014/9143/pdf/Karg_Hefte_2_2011.pdf
Abgerufen am 18.01.2022

Vogt, Marlène (2015). *Assessments meistern. Wie bereite ich mich auf ein Assessment vor?* Wiesbaden: Springer Fachmedien.

Von Kanitz, Anja (2014). *Emotionale Intelligenz.* 2. Aufl., Freiburg: Haufe.

Zak, Paul J. (2017). *The neuroscience of trust.* Harvard Business Review, 01/02.
https://www.emcleaders.com/wp-content/uploads/2017/03/hbr-neuroscience-of-trust.pdf
Abgerufen am 01.02.2022